Camilla Göthberg, född Steén

En bergslagsbys historia
Vintermossen från svedjebruk till fritidsbruk

Specialarbete i historia
Klass H3a, Rudbeckianska gymnasiet, Västerås
Vt 1992

Förlag: BoD – Books on Demand, Stockholm, Sverige
Tryck: BoD – Books on Demand, Norderstedt, Tyskland

ISBN: 9789177859291

Förord

Arbetet om Vintermossens historia skrevs som ett gymnasiearbete 1992. Aldrig hade jag väl då trott att det skulle bli så efterfrågat. Men ända sedan dess, och fram till nu, drygt 25 år senare är intresset stort. I många oväntade sammanhang har arbetet dykt upp. Jag har fått förfrågningar från muséer, privatpersoner och hembygdsföreningar. Eftersom det ursprungliga arbetet börjar bli slitet har jag valt att göra en nytryckning.

Texterna är de samma som i det ursprungliga arbetet. Jag har inte kompletterat med nya fakta, eller ändrat eventuellt felaktigheter. Däremot har jag ersatt några av bilderna med nyare då bildkvaliteten i den gamla uppsatsen inte var särskilt hög. Men många av originalbilderna har jag tyvärr inte tillgång till idag, så där har jag låtit de gamla bilderna vara kvar trots bristande kvalitet.

Att intresset för hembygdsforskning är stort är kanske inte så konstigt. Vi är många som bara några generationer tillbaka härstammar från Sveriges landsbygd. Historien om Vintermossen är inte unik för just den byn. Liknande historier kan hämtas från hela Bergslagen.

När Vintermossen var som störst runt sekelskiftet 1900 bodde ett 50-tal personer i trakten. Den som släktforskar och hittar förfäder i Ljusnarsberg kan sannolikt finna rötter även i Vintermossen.

Det har skett ett generationsskifte i Vintermossen sedan uppsatsen skrevs. Ingen av dem som jag intervjuade 1991-1992 finns längre i livet. Jag är glad att jag fick ta del av deras berättelser, och känner att det är värdefullt att de nu finns nedtecknade. Sommaren efter att arbetet skrevs träffade jag ytterligare en person som var med i Vintermossen under tidigt 1900-tal, Alma Nilsson. Det hon berättade finns nedtecknat, och jag har valt att ta med de anteckningarna i slutet på den här boken. Jag tycker att de tillför något ytterligare till historien om byn.

Camilla Göthberg, född Steén
Örebro 5 januari 2019

Innehållsförteckning

Inledning

I Ljusnarsbergs kommun, 1,5 mil sydväst om Kopparberg, ligger Vintermossen, en by som betyder mycket för mig. Där har jag tillbringat alla mina somrar och de flesta barndomsminnen har jag därifrån. Närheten till skogen och naturen på landet gav mig något som allt färre barn får uppleva. Jag glömmer aldrig de äventyr som jag, min lillebror och grannbarnen var med om. Byns spännande och till hälften igenvuxna branddamm har vi noga utforskat och sjösatt många, till vår besvikelse, icke dugliga flottar i. På ängarna har vi haft picknick med våra dockor, i träden har vi byggt kojor och i gamla lador och ruiner har vi klättrat och smugit. Det kanske mest fascinerande var de trolska bergslagsskogarna som omgärdade byn. I dessa byggde vi egna små byar, lekte och gick på allt längre upptäcktsfärder. Bredvid Vintermossen ligger Mackarsberg, en höjd med underbar utsikt över bygden. Vi barn trodde vi var de enda som vågade klättra på bergets branta sida, så där hade vi ett hemligt ställe på en gräsbevuxen klippa.

Jag älskade verkligen byn och dess omgivning och gör det fortfarande. Än idag finner jag skogarna förtrollande. De verkar ha funnits i all evighet och bär säkert på minnen från olika tider. Det gör byn Vintermossen också, även om tiden är begränsad till de senaste trehundrasextio åren. Under de århundraden som gått sedan byns begynnelse måste mycket ha hänt som rört byn och dess invånare. Vem var finnen som bosatte sig vid den plats som kom att bli Vintermossen? Hur blev det en by och hur har byn förändrats med tiden? Med den här uppsatsen vill jag dels nå kunskap om byns historia, och dels få historien nedskriven och därmed bevarad. Det är viktigt att det som hänt inte glöms.

Att jag tillbringade mina somrar och andra lov i Vintermossen beror på att min familj har ett hus där. 1953 ordinerades min mammas lillebror hög luft och bland annat på grund av det beslutade mina morföräldrar att flytta från Lindesberg till landet och hamnade på så sätt i Vintermossen. För tillfället håller vi på att restaurera det gamla huset, som sägs vara det äldsta i byn och som fram till i dag saknat vatten och avlopp. Med restaureringen hoppas vi kunna öka bekvämligheterna, vilket skulle göra det lättare att bo där vi alla trivs.

Det är svårt att veta var och hur man ska börja när man har ett stort arbete framför sig, men tack vare en mycket hjälpsam hembygdsforskare, Inger Pettersson från norra Hörken i Grängesberg, kom jag igång. Inger är med och ger ut en tidskrift om just finnbygden i Bergslagen, och genom en artikel i ortstidningen Bergslagsposten kom jag i kontakt med henne. Hon hjälpte mig med en källförteckning över böcker och övriga skrifter som jag skulle kunna ha nytta av och skickade avskrifter från dom- och jordeböcker. Förutom Ingers uppgifter har jag byggt den här uppsatsen på minnen och sägner som mina föräldrar, min morfar och bybor i Vintermossen berättat. Jag har även fått låna en del skriftligt material av dem, till exempel en otryckt bok från 1868. Det är säkert fler människor som skulle ha kunnat komplettera de uppgifter jag har fått, men eftersom jag arbetat med denna uppsats under vinterhalvåret har jag inte kunnat nå alla.

I uppsatsen hade jag tänkt berätta byns historia i kronologisk ordning, men jag kommer nog inte att kunna lägga upp det så helt Det senaste århundradets historia har ibland behövt tillbakablickar, till exempel om skolväsendet, men jag hoppas att uppsatsen för den skull inte blir alltför rörig och osammanhängande. Historien börjar i alla fall i rätt ordning med den finska invandringen som lade grunden för bebyggelsen av Ljusnarsberg.

Den finska invandringen

På 1580-talet började ett finskt urskogsfolk, svedjefinnarna som livnärde sig på att röja och nyodla väldiga skogsvidder, att komma till Sverige från Karelen och Savolax. Vid den tiden var det fattigt i Finland. Man hade länge krigat mot Ryssland och drabbats av flera gränshärjningar. Bönderna plågades av skatteindrivande fogdar och många tvingades försörja svenska soldater som var där för att skydda gränserna. Finland tillhörde Sverige och drevs av ståthållare Claes Fleming, som gjort landet till sitt eget välde. I Sverige fanns stor, hittills värdelösa skogsområden som staten gärna såg att någon brukade och skattade för. Därför uppmuntrade staten invandringen och erbjöd finnarna mark, utsäde och skattefritt de första åren om de flyttade till Sverige.

Till en början var invandringen liten. År 1596 skedde ett uppror i Finland mot ståthållare Fleming. Det blev en blodig revolt, kallad klubbekriget, där bönder med klubbor gav sig på fogdar och herremän. Det sades att hertig Karl, senare Karl IX, låg bakom upproret för att på så sätt bli av med Fleming som stod på kung Sigismunds sida mot Karl. Klubbekriget slutade med att Flemings yrkessoldater slog ned det och därpå kom en stor flyktingström till Sverige. De första finnarna kom till Södermanland och Närke, men fortsatte vidare till Bergslagen. Det förste som bosatte sig i Ljusnarsbergstrakten tycks vara Henrik Nilsson Verduinen år 1599. Från år 1597 till 1640-talet utvandrade omkring 8000 – 10 000 finnar till de svenska skogarna. Ett område stort som ett län mellan tre landskap, Västmanland, Dalarna och Värmland, blev som ett Finland i Sverige. På många platser levde enbart finnar, till exempel i Ljusnarsberg.

Topografisk karta ©Lantmäteriet (1)

Före år 1624 fanns det ett tjugotal hushåll i Ljusnarsberg. 1624 hittades kopparmalm i Löa utanför Kopparberg, och befolkningen växte snabbt när kopparbrytning blev aktuell. Detta innebar att svenskar flyttade till trakten, de flesta från Dalarna. 1628 kom brytningen igång, och gruvfältet dominerades av svenskar. Ändå blev förhållandet mellan svenskar och finnar gott. Till en början behandlades de jämlika. En finskkunnig predikant kom till trakten och när Ljusnarsberg år 1635 blev en egen kyrksocken, efter att tidigare ha tillhört Lindesbergs socken, var högmässan tvåspråkig. Några år senare tillsattes ett tingslag som beslutades ha lika många finnar som svenskar i nämnden.

Svedjefinnens arbete

När den finske nybyggaren hade utsett ett lämpligt skogsområde att bosätta sig vid och odla på var han först tvungen att anhålla hos kungen eller landshövdingen om lov att få bruka marken där. Kronan tog hänsyn till gamla bosättningar och om området var så pass stort att nybyggaren skulle kunna odla tillräckligt för att bringa in skatt innan anhållan beviljades.

Därpå började ett för svedjefinnen mödosamt arbete innan han kunde ta dit sin familj och bosätta sig. Först byggde han sig en koja att bo i då han arbetade. Det var en slags kåta av timmer och mossa som kallas kringelkoja. Under våren högg han sedan av ett skogsområde och lät träd och kvistar ligga och torka till nästa år. Därefter är det möjligt att han tog arbete i gruvbygden eller sökte sig till en färdigbyggd finngård innan han på nytt gav sig till skogs. Nästa vår högg han ytterligare ett område och kunde svedja det gamla. Vid svedningen hjälpte familj och vänner till så att elden inte spred sig till skogen. Då elden slocknat var hela kalhygget askfyllt. I askan såddes efter några veckor säd, sedan gärdslades åkern in. Efter sådden kunde nybyggaren välja på att återvända till civilisationen eller stanna kvar, bygga ett pörte, en finsk stuga, och försörja

sig på skogen. Kanske stannade han i skogen tillsammans med sin familj och tjänade extra på att kola och hugga gruvved.

Rekonstruktion av kringelkoja (2)

Kommande vår fick nybyggarfamiljen göra det samma som förra året; hugga upp ett nytt fall, svedja och beså fjolårets och till sensommaren skörda det äldsta fallet. Att skörda var ett besvärligt som i huvudsak kvinnorna utförde. Marken var ojämn och stenig och man tvingades skära säden nävtag efter nävtag. Männen band ihop säden och hängde den över stänger. Barnens uppgift blev att samla in spillsäden. Nästa år kunde åkern bli betesmark åt boskapen. Ett svedjat område gick inte att svedja på nytt på 30 år, så därför blev svedjefinnarnas område allt större. Att ha fall miltals från gården var inte ovanligt.

Den första tiden i Vintermossen

Hindrich Werre hette mannen som började svedja den mark som kom att bli byn Vintermossen. Han hade kommit från Finland tillsammans med sina sex bröder som alla bosatte sig i Ljusnarsbergstrakten. Innan Werre flyttade dit är det möjligt att han arbetade vid någon hytta i andra delar av länet, för han eller hans namne står omskriven i 1626 års dombok från Skinnskatteberg där Werre anklagas för att ha stulit en silversked. Likaså omnämns Werre i Roterings- och utskrivningslängder för Söderbärke år 1629. Om nu ovanstående uppgifter gäller Vintermossens grundare kan han gissningsvis ha kommit till Vintermossen på 1630-talet eller möjligen något år tidigare.

En variant av historien säger att byn grundades av sju bröder, men det tror jag är en feltolkning av skriften i Odelstiernas jordebok från 1781. Där står: *"Utaf sju ifrån Finland öfwerkomne bröder, har Hindrich Werre, död 1672, här stannat och röijt [...]"* vilket jag fattar som att just Werre var den som kom till byn.

Att Werre nu valde Vintermossen som boplats kan ha berott på att den låg på lagom avstånd från andra bosättningar. "Ett hushåll på fjärdingsvägens avstånd" (drygt 2,6 km) var finnarnas motto. Platsens höga läge över havet spelade förmodligen också stor roll i valet, för finnarna visste att frosten inte tog lika hårt på höga åsar, så på dessa finner man alla finska bosättningar.

Ett Vintermosshus (Norra Bergtorp) som på det typiskt finska sättet har byggts på en höjd. (3)

Något som Werre möjligtvis saknade var en närbelägen sjö. Närmaste vattendrag är Dammsjön, cirka 2 km därifrån. Där fick Vintermossborna, enligt avtal som skrevs senare, ta vatten och is vid behov.

De första åren levde Werres familj i Vintermossen utan kronans vetskap. Det tidigaste årtalet jag har hittat nämnt som Vintermossen kopplats samman med är år 1647, då Werres son Pål började betala kyrkoskatt. Om detta står det i stycket om Vintermossen i Odelstiernas jordebok: ”[...]sohnen Pål Hindersson var en af de åtta sin 1647 började betala kyrkskatten[...]”. Vad ”en af de åtta” kan syfta på kan man ställa sig lite frågande till. Först trodde jag att det betydde att Pål var en av åtta bybor som betalade skatt, men efter att ha läst ett stycke i Hults krönika från 1880-talet tycker jag mig förstå att det var en särskild kyrkoskatt som utgick till åtta finnbyar som saknade gruvdelar. Att det var just Pål Hindersson som betalade behöver inte betyda att han då, 1647, stod som störste ägare till Vintermossen, utan det kan hända att Hindersson betalade för hela byns räkning. Det här tyder i varje fall på att Pål fått en vuxens ansvar, och det är möjligt att Werre har överlåtit ägorna på sina två söner Pål och Hindrich redan kring 1647.

Vid den här tiden borde fler finnar ha sökt sig till byn för redan 1637 hårdnade restriktionerna om svedjande och röjning. Ett bergskollegium hade bildats som skulle skydda bergslagsskogarna från utödande, och man försökte få finnarna att bryta åker istället för att svedja. På en geometrisk karta från 1696 står dock bara två personer som ägare till Vintermossen. Det är Pehr Påhlsson och Erik Larsson, som båda äger lika stora delar av åker och äng. Pehr Påhlsson är barnbarnsbarn till Werre och Erik Larsson är ingift i släkten. Även om det bara var dessa män som ägde marken i byn lät de kanske jordlösa invandrarfinnar bo på ägorna som inhysta dagsverkstagare.

I närheten av Vintermossen ligger Salbofall, en plats som också tros ha blivit bebodd på 1630-talet. Enligt vissa källor[1] som dessutom talar om en tidigare bebyggelse av Vintermossen och Salbofall än omkring 1630, tillhörde

---

[1] I kapitlet "Hur Ljusnarsbergen brutits" av A Nelson i *Från Ljusnarsbergen* (1921)

Salbofallsfolket samma släkt som Werre och med tanke på att de slapp betala kyrkoskatten år 1647 kan den bosättningen ha räknats till Vintermossens by.

Ju längre tid det gick desto mindre orörd skog fanns det i socknen. Många finnar var jordlösa, en del av dem flyttade vidare och andra placerades ut på ödehemman eller blev kolar- och skattevedstorpare. Svedning blev förbjudet, något som var svårt att hålla för finnarna. Flera bötfälldes, i 1649 års dombok berättas att Pål Hindersson från Vintermossen blev anklagad för att ha fällt 6 ½ tunnland emot skogordningen, vilket kan betyda att det var just svedjeförbudet han brutit mot. Hindersson fälldes och fick böta (260 dir).

I 1650 års dombok avslöjas att det fanns björn i trakten, för Pål i Vintermossen *"beviljas Bewijss"* för en björn som han och några andra män ihjälslagit. I en senare dombok från 1670-talet får man veta att Pål dödat ytterligare en björn. Denna gång får han betalt för björnen enligt en djurfångsförordning.

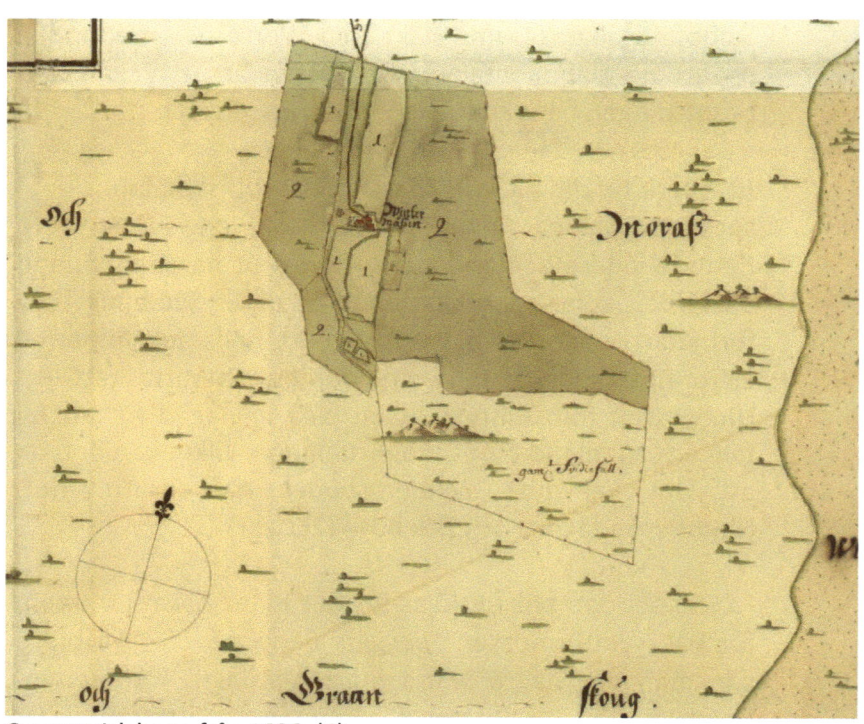

Geometrisk karta från 1696. (4)

Text till kartan, här något förkortad och förenklad:
"Geometrisk karta öfwer Wintermåssen beläget uthi Nya Kopparbergs Bergslaag och socken afmätt. Anno 1696 af Jonas Bergius. Chartans beskrifning: Wintermåssen ¼ Jern skattlagd för 1 Skeppspund Stångjern eller 24 Rd Koppar Mt, bebos av Pehr Påhlsson och Erich Larsson, äga lijka i åker och äng.
1. Åker af stenig Mullblandad mojord öfverallt ährig till 4 korn
2. 20 (tunnland) äng af stenig hårdvall med små Björkskoug utmed gärdesgårdarna bördig till 1 lass tunnl.
3. Humlegårdar 2ne st om 120 stänger hwardera […]

Vintermossen omnämns med namn redan 1647, så namnet på byn kanske kom till då Kronan gjorde de första anteckningarna om byn. I Ortnamnsarkivet i Uppsala finns detta om namnet, som åsyftar en mosse öster om byn: *"Vintermossen, bebyggelse i sydvästra hörnet av Ljusnarsbergs socken, Örebro län. Stor mosse, fordom vinterväg."* Om nu denna vinterväg började användas av finnarna eller om den nyttjats ännu tidigare är svårt att säga, men Vintermossen är i varje fall ett svenskt namn till skillnad från många andra platser runtomkring, till exempel Kindla, Mackarsberg och Paskalampen. Kanske användes vägen tidigare av svenskar och att mossen redan då kallades Vintermossen, som sedan blev namnet på byn? Ljusnarsbergs äldsta väg ska ha passerat Vintermosstrakten och kanske var det den vägen som gick nere vid mossen. Man tror att bygdens äldsta väg användes på 1500-talet och gick mellan Nyberget, en by i Lindesbergs socken med anor från 1300-talet och som ligger cirka 5 km sydöst om Vintermossen, och Salbo gård, belägen 5 km nordväst om byn. Vid Salbo gård lär det ha funnits en hytta vid den här tiden, men gårdens historia är lite av ett mysterium. Man vet inte vem som bosatte sig där ute i ödemarken och inte varför gården senare ödelades. Inte vet man heller vem som började skatta där på 1590-talet, men omkring 1610-1620 vet man att en man kallad Rike-Påvel hade flyttat dit. Såsom namnet säger ska han ha varit förmögen och det sägs att han har gömt en skattkista i Salboknös, ett närbeläget berg.

Ändra fram till början av 1600-talet fanns det bara, förutom vägen mellan Nyberget och Salbo, rid- och boskapsvägar i Ljusnarsberg. På 1630-talet byggde man så en väg mellan Guldsmedshyttan i Lindesbergs socken och Stjärnfors vidare mot Kopparberg. Ett tiotal år senare byggdes vägnätet ut från Stjärnfors till Hjulsjö via Salbo. Detta blev landsvägen som förmodligen utnyttjades av Vintermossfolket. Från byn till landsvägen är det cirka 5 km, och den biten bestod av en sämre väg som dessutom lutade brant, så åkdonen lämnades i ett skjul på en kolbotten vid Märrtjärn som kallades "Kärrhusbotten".

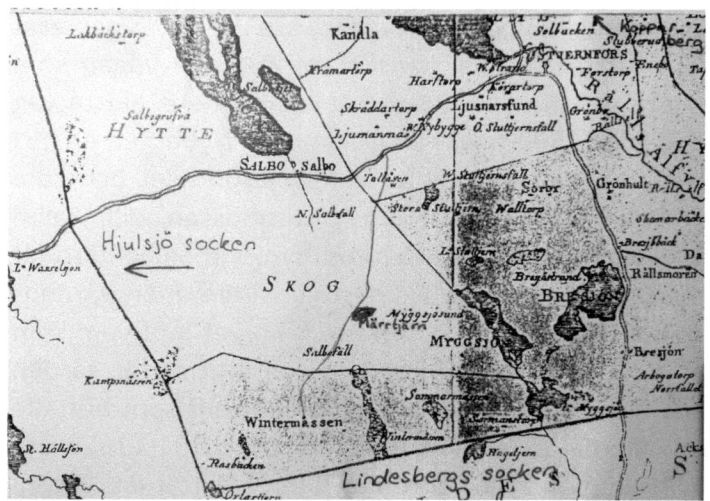

Karta från 1804. Vägen från landsvägen till Vintermossen är ditritad av mig. (5)

Hur svedjefinnarna levde

I Bredsjön utanför Hällefors finns längs en 2,5 km lång stig rekonstruktioner av finnbyggnader, såsom kåta, pörte och uthus, samt om somrarna särskilda teaterspel som ger en god uppfattning av det finska svedjelivet. Man kan med stor sannolikhet tänka sig att byggnaderna i Vintermossen såg ut som dem längs finnstigen.

Där fanns den typiska finnstugan, pörtet, med dörr på södra gaveln. Vintermossens äldsta hus, som torde ha tillhört Werres familj, har fortfarande öppningen åt söder, även om huset byggts ut, så den forna gaveln blivit långsida. Finnarnas pörte var inte så stort, cirka 4 x 5 m.

Inuti stugan var det skumt, istället för fönster hade man luckor som kunde skjutas igen. För att få ljus eldade man pärtstickor, från tjärved, och givetvis gav även den öppna ugnen ljus. Ugnen upptog ganska stor del av stugans enda rum, vilket gjorde att man lät barnen sova på ugnens ovansida. Ugnen saknade rökgång. Röken fick stiga genom rummet och sedan ut i en lucka i taket. På så vis trodde man sig kunna bevara värmen bättre. I några pörten fanns loft där möjligtvis husbondfolket sov. Ungdomar och husfolk fick sova på bänkar efter väggarna.

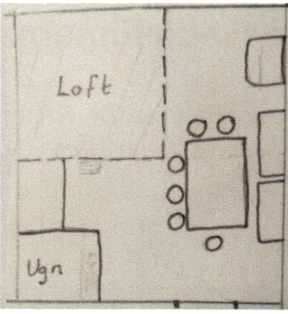

Ett pörte vid Finnstigen i Bredsjön. (6) Interiör (7)

Kring pörtet fanns visthusbodar, stall, ladugårdar och lador av olika antal och storlek beroende på gårdens behov. En säregen finsk byggnad var rian, ett hus med ugn där fuktig säd torkades och bevarades från unkenhet innan den tröskades. Riorna var mycket effektiva och kom att användas långt fram i tiden. Bastun däremot var inget typiskt finskt, som man skulle kunna tro, utan på 1600-talet var det lika vanligt med bastubad i Sverige som i Finland.

Finska uthus. (8)

Sädesmagasinen byggdes en bit ovanför marken så att säden inte skulle bli fuktskadad. (9)

Taken på finnbyggnaderna var gjorda av rundpinnar, näver och jord. Var tionde rundpinne hade ett grenutskott som stack upp vid takfoten och höll på så vis kvar nävret och jorden. (10)

Till isolering användes mossa som lades mellan stockarna. (11)

Svedjefinnarnas kost var enkel och fiberrik. Gröt och ugnsstekta rovor hörde till vardagsmaten. Deras stora och saftiga rovor, som odlades i askan på kalhyggena, blev populära även bland svenskarna. En särskild rätt som kvinnorna ofta skickade med sina män på arbete i skogarna kallades "motti", nävgröt. Den bestod av rågmjöl hoparbetad i kokande fiskspad.

 (12)

Finnens klädsel liknade den svenske arbetarens med vida långbyxor av vadmal, kolt och bälte på vilket det hängde täljkniv, syl och matkniv. Det enda som skiljde dem åt var finnens näverskor och kalottmössa.

Trollkarlen Pål

Bland finnar, liksom bland svenskar, fanns på 1600-talet en stor vidskeplighet. Man trodde på mäktiga mytologiska väsen som man var tvungen att besvärja. Bland de finska väsena fanns Mielikki, boskapens beskyddarinna, Tellervo, som påminner om vårt svenska skogsrå, Tapio, en skogsgubbe som gav jaktlycka, och den onde anden Hiisi, som höll till i skogarnas djup. Finnarna offrade och sjöng runokväden för att undkomma väsenas grymhet eller för att få deras beskydd.

Det fanns också särskilt trollkunniga människor, trollkarlar, som med andra medel kunde besvärja naturväsena. För att slippa regn högg trollkarlen i luften med sin kniv och styckade sönder regnmolnen, och för att bli herre över elden vid till exempel svedning lät han hälla blockblod eller salt i jorden. Trollkarlar hade även förmågor som att se in i framtiden och bota sjukdomar.

I Vintermossen levde Pål Påhlsson, sonson till Hindrich Werre, en trollkarl som hamnade i en tvist med Kopparbergs kyrkoherde Gussavarius. Gussarvarius var nämligen mycket skeptiskt till den finska trollkonsten och lät anklaga flera trollkarlar. När Pål stod till svars vägrade han förneka sin trollkunnighet och visade i en skrift med bomärke att han kunde sin konst, varpå han lämnade nämnden. När han senare bad Gussavarius om ett prästbevis så att hans son skulle kunna gifta sig fick han inget för kyrkoherden menade att Påls son inte kunde läsa kristendomsstycket. Pål lär då ha sagt att sonen inte hade tid att läsa, men att han skulle gifta sig även utan kyrkoherdens underskrift. Det blev som Pål hade sagt, för han ordnade själv ett prästbevis åt sonen i Hällefors i stället, något som retade Gussavarius. 1671 skrev Gussavarius ett brev till Domkapitlet och biskopen där han berättade om sina möten med den, som han kallade, morske och hårdnackade trollkarlen Pål. Domkapitlet kallade då Pål för att stå till svars, men han kom aldrig. Domböcker visar sedan att Pål Påhlsson bötfälldes år 1672 för signeri och spotskhet mot pastor. Året därpå bötfälldes han igen och denna gång bad rätten att Pål och Gussavarius skulle sluta fred. Hur det blev med den saken vet jag inte, men förmodligen gav varken den ene eller den andre med sig.

Trollkarl Pål sägs ha blivit väldigt gammal, 115 år då han dog 1717. Men det finner jag osannolikt, eftersom det skulle betyda att han föddes redan 1602 och i så fall borde hans farfar, Hindrich Werre, varit född minst trettio år tidigare, vilket skulle ha gjort att han var sextio år då han började svedja vid Vintermossen. Dessutom finns uppgifter om att Werre dog 1672 och borde då ha varit född i början av 1600-talet, vilket låter troligare. Förmodligen har Påls födelsedatum förväxlats, kanske med hans fars. Oavsett ålder var i varje fall trollkarlen Pål en intressant man, orädd att sätta sig emot överheten.

Försvenskning

År 1653 var svenskar och svenskkunniga finnar i majoritet inom Ljusnarsbergs kyrkby. Då förklarade domkapitlet att de flesta av socknens finnar var födda och uppväxta i trakten och att de därför borde läras och förhöras i kristendom på svenska. Man menade att finska endast skulle ställa till oreda för dem. Så därför upphörde predikotiden på finska och därpå utgick även förordningen om att halva tingslaget skulle bestå av finnar och kravet på finskspråkig kronobetjäning hävdes.

Särskilt Kopparbergs kyrkoherde Gussavarius förordade en försvenskning av socknen och tyckte att alla finnar skulle kunna svenska. Men det skulle dröja innan Gussavarius mål var nått. Det var nästan bara finnarna som levde i kyrkbyn och en del finska bergsmän som övergått till svenskan. I finnbygderna levde finskan och de finska traditionerna kvar och det var bara familjefäderna, som då och då besökte kyrkbyn, som klarade nödvändiga ord och fraser.

I vissa bygder, till exempel kring Vintermossen, levde finskan kvar ända framtill slutet av 1700-talet, för där levde flera finska släkten i byar omkring varandra utan kontakt med svenskbygder. Vintermossen låg i mitten av en sådan finnbygd, såsom kartan nedan visar.

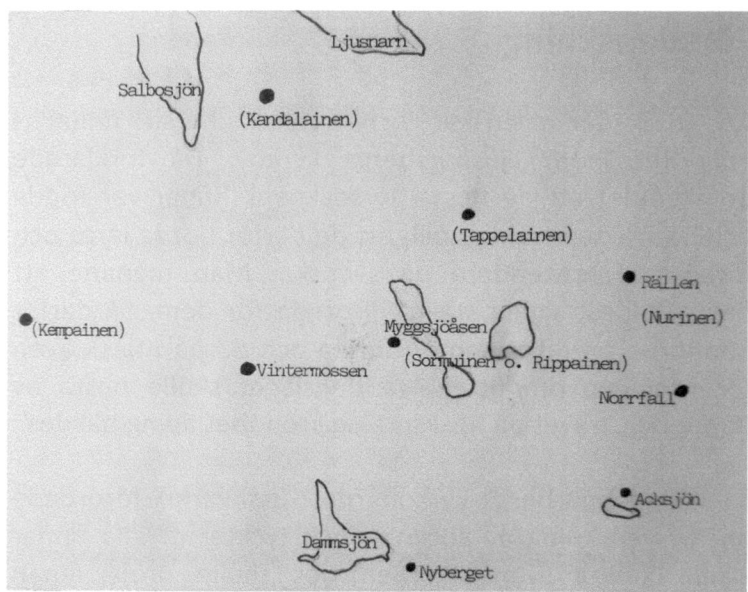

Finska släkter i byar runt Vintermossen. (13)

Även den gamla byn Nyberget sägs ha blivit bebodd av finnar vid den här tiden och man tror att de hade god kontakt med finnarna.[2] Uppe i finnbygderna kunde det finnas en och annan svensk, men de lärde sig finska och levde som sina grannar, finnarna. Så att trollkarlen Påls son inte klarade att läsa var ju inte så konstigt. Förmodligen besvärades fler av kravet på kristendomskunskaper på svenska och det var nog inte bara Påls son som nekades Gussavarius namnunderskrift. 1681 lade finnarna fram klagomål i

---

[2] I kapitlet "Hur Ljusnarsbergen brutits" av A Nelson i *Från Ljusnarsbergen* (1921)

nämnden om att de finnar som inte förstod svenska inte kunde delta i predikningarna. Finnarna ville att det skulle lösas, men nämnden kunde inte göra något åt saken, utan ärendet skickades vidare till Kungliga Majestätet. Trots finnarnas klagomål gjordes inget för att skaffa en finsk predikant till trakten åter.

Så småningom blev svenskan allt mer dominerande. Från att drygt tvåtusen av socknens tretusen invånare talade finska år 1653 klarade bara tusen språket vid mitten av 1700-talet. På 1800-talet talade så pass få finska att de finskkunniga antecknades i kyrkböckerna. Vid den tiden började man bygga om pörtena till större svenska husmodeller eller ersatte dem helt med nya stugor. I sådana fall användes pörtet till uthus istället. Giftermål med svenskar, noggrannare kristendomsundervisning och allt sämre möjligheter till självförsörjning på de egna gårdarna bidrog till försvenskningen.

1700-talet – fattigdomens sekel

1700-talet var ett hårt sekel för Sverige. Vid kung Karl XII:s död hade det svenska stormaktsväldet gått under, men tanken på revansch satt kvar hos kommande ledare. Århundradet kom att domineras av misslyckade krig, farsoter och missväxt.

I Ljusnarsberg blev kopparbruket allt mindre lönsamt och befolkningen växte med följd att jordarna blev otillräckliga och utarmade och fattigdomen bredde ut sig. Värst drabbade, med undantag av de egendomslösa, var de som var beroende av Kronans marker, mest finnar. Förutom svedjeförbudet, som jag tidigare nämnt, förbjöds även skogsavverkning till bränslebruk och rätten att hålla getter på skogarna. År 1743 stiftades en lag som förbjöd nybyggen på kronoskogarna, om de inte var till nytta för bergsbruket. Så då de unga inte kunde få någon egen mark att bygga upp en gård på stannade de kvar där de var födda, vilket gjorde att gårdarna vid arvsskiften delades upp i allt mindre stycken.

Egentligen fanns det en lag om att gårdar inte fick vara mindre än ett fjärdedels hemman, men det gällde inte i Bergslagen för bergsverken behövde arbetskraften från gårdarna. Torparna ville säkert göra sig oberoende av bergslagen, men för de flesta gav marken för dåliga inkomster för att de skulle kunna klara sig utan bruken. Under de sista årtiondena av 1700-talet blev fattigdomen allt påtagligare i socknen. Hälften av de drygt fyratusen invånarna beräknades vara behövande, och åttahundra saknade helt tillgångar. Flera sjukdomar härjade, till exempel rödsot, koppor och mässling, och folktalet sjönk för första gången.

De enda anteckningarna jag funnit om Vintermossen från det här seklet är husförhörslängder. De består mest av namn på deltagare vid husförhören. Till exempel hölls ett förhör hos Erik Larsson den 14 mars 1717. Där deltog bland annat Erik Larsson med hustru Anna, deras barn Kerstin, Maria och Pål, Påls hustru Elisabeth och flera andra barn från byn.

På 1680-talet grävdes en kanal från Märrtjärn till Salbo gård och jag skulle kunna tro att en del av Vintermossens män hjälpte till vid utgrävningen. I Salbo användes vattnet till att driva en masugn för att framställa järn. Kanske fanns det någon vintermossbo med vid arbetet på det lilla bruket i Salbo eller i Salbogruvorna där järnmalmen hämtades. Verket i Salbo ägdes av Johan Funck, och senare av dennes änka, som med masugnen i Salbo och hamrar och härdar i Stjärnfors kunde framställa järn och därmed driva det enda järnbruket i Ljusnarsberg. Men bergskollegiet i Kopparberg behövde arbetskraft och skog, så utan det av Funck år 1676 förvärvade kungliga privilegiet att få framställa järn i Salbo och Stjärnfors skulle förmodligen verket ha tvingats lägga ned. Trots allt hårdare restriktioner, till exempel förbud att använda Salboskogarna till annat än kopparverket, stod sig järnverket i Salbo-Stjärnfors ända fram till år 1795. Det året lades masugnen ned då den blivit gammal och omodern. Vid den här tidpunkten hade man äntligen insett järnmalmens värde och låtit bygga masugnar i andra delar av socknen. På grund av järnmalmstillgångarna övergick snart Kopparberg från att ha kopparbergslag till tackjärnsbergslag. Området kring Salbo ödelades dock inte för gott efter nedläggningen av masugnen, utan på 1800-talet när produktionen av järn ökade kraftigt upptäckte man att järnmalmen från vissa gruvor var bristfällig på grund av för hög fosforhalt och då blev brytning i Salbogruvorna åter aktuell. I Stjärnfors höll bruket igång ändra fram till 1905.

Laga skifte

Redan under 1700-talet blev det problem med uppdelning av jordarna vid arvsskiften. Vid varje uppdelning såg man till att var och en av arvtagarna fick en del av den bästa jorden, en del av den nästa bästa och så vidare. Detta gjorde att jordbrukarna hade små tegar lite överallt kring byn och avkastningen på dessa minimala utsugna åkerlappar var knappt arbetet värt. Flera jordreformer genomfördes för att omfördela ägorna, bland annat storskifte (på 1700-talet) och den kanske mest genomgripande; laga skifte (från 1827 och framåt).

Laga skifte innebar, till skillnad från tidigare skiften, att gårdarna vanligtvis delades upp i två delar, ett skifte med utmark och ett med åker och äng. På så vis kunde man ta hänsyn till lokala förhållanden, så att ingen enbart fick sina ägor i utmarken. Det blev vanligt att gårdar flyttades ut från själva bykärnan för att ligga på de egna markerna, och med detta minskade en del av bygemenskapen. I de flesta byar var man noga med att omfördelningen av marken blev rättvis, särskilt noggrann var uppdelningen av skogen. Negativa sidor med reformen var dels att bygemenskapen blev mindre, och dels att allmänningarna som de jordlösa levde på försvann, men de positiva följderna av det hela vägde nog tyngre. För efter att laga skiftet trätt i kraft gick det bättre med jordbruket. Nyodlingar ökade och utdikning av våtmarker för att få extra tillskott av hö till djuren blev aktuell. Samtidigt förbättrades en rad jordbruksredskap, så det blev ett stort uppsving för jordbruket i Sverige, även om det inte bara var jordreformens förtjänst.

I Vintermossen sammanträdde byns hemmansägare med lantmätare Richard Rubin otaliga gånger under åren 1868-1870 då reglerna för laga skifte i Vintermossen lades upp. Lantmätaren förde protokoll från varje möte och dessa finns bevarade i en bok som bybon Josef Winterberg, vars släkt levt i byn sedan lång tid tillbaka, har lånat mig. Rubins skrivstil är jämn och vacker men något svårläst för den som inte är van med 1800-talets språk och stil. Protokollen berättar om allt som tagits upp vid mötena och vad som beslutats. Berörda hemmansägare var Carl Andersson, Erik Persson, Petter Persson, Israel Carlsson, som dog under pågående förhandlingar och ersattes av sonen Anders, och Anders Anderssons dödsbo som företräddes av förmyndaren till Anderssons omyndiga barn, Per-Erik Jansson. Så här inledde Rubin boken:

> *År 1868 den 21 september inställde sig undertecknad vid Wintermossen i Ljusnarsbergs socken för att enligt Konungens Befallningshafvandes förordnande verkställa laga skifte på alla inägorna till en half Fjerdepart Wintermossen samt å skogsmarken verkställa den rättning och jemkning som derå kan tarfnas, och voro såsom Godemän Bergo_ge vardigern B Wadsten och Per Erik*

Persson i Ställberget som hwilka båda aflagt den föreskrifna eden, af delägarna förrättningsräkanden Israel Carlsson, Nämndeman Carl Andersson i Körartorp, Per Persson, Erik Persson men för Anders Anderssons sterbhus kom ej någon tillstädes[...]

Rubin ställde sig frågande till hemmansägarnas inställning till skiftet och fick till svar att ingen var emot det, men de verkade inte heller tycka att det var nödvändigt. Petter Persson påpekade att det inte var någon laglig delning vid storskiftet 1804 och delägarna var oense om huruvida storskiftet trätt i kraft.

Vid kommande möten diskuterades bland annat gradering av utbytesområden, det vill säga vad varje område skulle vara värt, gränserna mot andra byar som var otydliga på äldre kartor och eventuella utflyttningar av gårdar. Det beslutades att Petter Perssons gård skulle flyttas och överenskommelsen om finansiering av flytten följer i detta utdrag ur boken:

§40 Om utflyttning träffade delägarne följande förening, delägarne öfwerenskommo med den enda utflyttande, Petter Persson, att till honom i ett för allt, efter hwars och ens hemmanstal i skifteslaget utbetala Trehundraåtta Riksdaler Riksmynt då han verkställer flyttning af sin Mannbyggnad samt rian, verkställer brunnsgräfvning samt afforslar sten som vid byggningens rivning blifver på platsen [...]

Därpå följer datum för utbetalning och en uträkning vad var och en av hemmansägarna ska betala. Israel Carlssons dödsbo var störst och utgjorde 1/12 hemman, vilket innebar en kostnad på 102 Riksdaler (3 daler motsvarar 1 krona).

I den senare delen av Rubins bok finns olika beräkningar på likvidationer och fördelningar av marktyper. Där har man räknat ut den totala kostnaden för flyttningen av Petter Perssons byggnader som inkluderar allt från hantlangare och snickare till spik, brädor och tegel. Utgifterna uppgick till 304 Rdr och 34 öre (drygt 100 kr). Man har dock inte kunnat räkna ut ett pris för Perssons fruktträd och planterade träd, så dessa bestämdes stå kvar på den gamla tomten i Perssons ägo för en bestämd tid. Den gamla tomten låg bara några hundra meter från den nya, så det gjorde säkert inte familjen Persson något att de inte hade träden på gården för ett tag.

Under skiftet skedde också en hemmansklyvning som rörde Israel Carlssons och Carl Anderssons hemman. Utgifterna för denna fick de bekosta själva. Det sista protokollet är från den 30 juli 1870, då förrättningen förklarades avslutad. Erik Persson utsågs att ta hand om alla handlingar som rörde skiftet och därmed blev Rubins protokollsbok kvar i byn.

Karta efter hemmansklyvning 1872 från Lantmäteriets
historiska arkiv (14)

Byn och bybor vid 1900-talets början

Från sekelskiftet och fram till mitten av 1920-talet beräknas Vintermossen ha varit som störst. Då var alla stugorna bebodda och familjerna var barnrika. På den tiden levde man så gott som helt på jordbruket och byn var nära på självförsörjande. I byn fanns tidvis en verksam skräddare och en skomakare och några gårdar hade egna smedjor, där verktyg och hästskor rättades till.

Jag har, efter uppgifter jag fått om människorna i byn, försökt rita en karta som visar vilka familjer som bodde i byn när den var som störst. Kanske hade några av de namngivna familjerna lämnat byn eller inte flyttat dit ännu, men på ett ungefär ser man hur byn var bebodd.

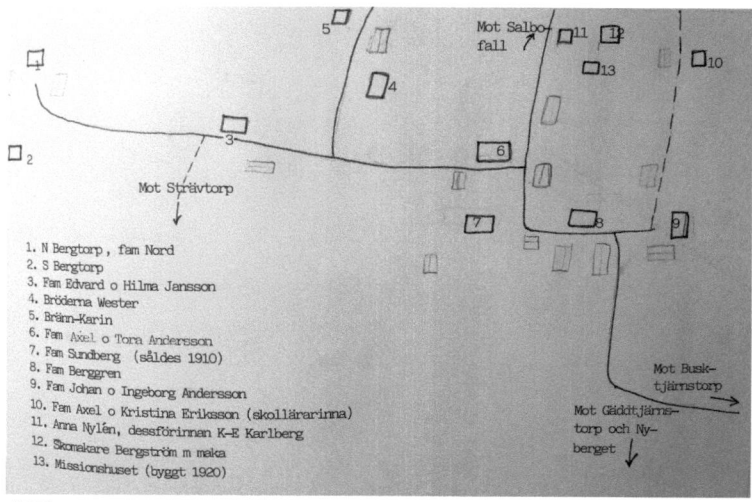

1. N Bergtorp, fam Nord
2. S Bergtorp
3. Fam Edvard o Hilma Jansson
4. Bröderna Wester
5. Bränn-Karin
6. Fam Axel o Tora Andersson
7. Fam Sundberg (såldes 1910)
8. Fam Berggren
9. Fam Johan o Ingeborg Andersson
10. Fam Axel o Kristina Eriksson (skollärarinna)
11. Anna Nylén, dessförinnan K-E Karlberg
12. Skomakare Bergström m maka
13. Missionshuset (byggt 1920)

(15)

I Vintermossen levde sedan århundraden tillbaka stora släkten, så i de flesta gårdar fanns det alltid någon som var släkt med någon i de andra gårdarna. Anders Israelsson, som nämndes i och med laga skiftet år 1870, gifte sig med en kvinna från byn och deras tre barn Johan, Axel och Anna blev också kvar i byn. Sonen Johan äktade Ingeborg Karlsson, som kom från Petter Perssons familj, och paret kom senare att överta gården som hade flyttats vid laga skiftet. Johans bror Axel gifte sig också med vintermossflicka, Tora, och de bodde kvar i Axels föräldrahem, som en gång i tiden varit ett pörte bebott av familjen Werre.

Anders Israelsson med maka, cirka 1910. (16)
Familjen Axel Andersson fotograferad utanför sitt hem år 1922. (17)

Johan och Ingeborg Andersson fick på 1910-1920-talen fem barn; David, Rut, Esther, Josef och Paul. Rut, som hjälpt mig med uppsatsen, minns att de unga i byn brukade ha en majbrasa på Mackarsberg på Valborgsmässoafton. Åtminstone en Valborg organiserades av skollärarinnan i Salbofall och då var det många som var med och sjöng in våren. Någon risk för att elden skulle sprida sig fanns det inte den gången i alla fall, för det var ett riktigt oväder. På 1800-talet hade man valborgsmässoeldar vid Klockarhällen som ligger vid vägen just innan man kommer fram till byn. (Därifrån hördes kyrkklockorna i Kopparberg, därav namnet Klockarhällen.)

Många av Vintermossens invånare var kristna och tillhörde Missionsförbundet, så år 1920 lät man bygga ett missionshus en bit från Klockarhällen. Tidigare hade man hållit gudstjänster i Axel Anderssons vardagsrum. Vid mötena i Missionshuset gick man man ur huse för att delta, även de som inte var troende. Numera håller Kopparbergs Missionsförbund årligen en gudstjänst i Vintermossens missionshus.

I tider då människor mest flyttade från landet till staden gjorde familjen Berggren tvärtom. Familjen med sin två barn, Helge och Tor, kom från självaste huvudstaden till Vintermossen år 1909. I Stockholm hade herr Berggren varit snickare på Kungliga slottet och han var en mycket duktig möbelsnickare. Men livet på landet var inte lätt. Herr Berggren trivdes inte, kanske för att byn var så avskärmad från det civiliserade liv som han var van med. Livet tärde på honom och när hans hustru väntade deras tredje barn gick han bort. Fru Anna Matilda Berggren blev ensam med tre barn och om det redan tidigare var svårt att försörja familjen, blev det än svårare nu. När Anna insåg att hon inte skulle kunna livnära sina små barn själv bestämde hon sig för att söka hjälp. Hon vandrade till fots hela vägen till Kopparberg, där hon sökte upp prosten. Men istället för att få hjälp av honom blev hon utskälld för att inte klara sig med en ko och ett potatisland och fick bege sig hem tomhänt. Utan det stöd hon fick av grannar skulle hon förmodligen aldrig ha klarat sig, men tack vare goda grannar kunde familjen Berggren stanna i Vintermossen. Tor och Helge bodde kvar i föräldrahemmet i hela sina liv och lillasyster Anna gifte sig och blev kvar i trakten hon också.

Till byborna kan man nog också säga att en del torpare som levde i skogarna runt omkring byn också hörde. Torparna arrenderade mark av jordägare och fick betala sin hyra med dagsverke. Många torpare i Ljusnarsbergstrakten arrenderade sina torp av bolaget Stjernfors-Ställdalen som, då Kronan sålde ut stora delar av sina skogar, köpte upp dem. Bolagets arrendevillkor kunde vara hårda, så många torpare blev jordlösa i och med Kronans utförsäljning. Salbofallsbon Verner Perssons far arrenderade själv mark av Stjernfors-Ställdalen från år 1917 och var därmed tvungen att arbeta för bolaget alla dagar som det var uppehållsväder. Skogsavverkning och kolning hörde till arbetsuppgifterna och för att han hade två hästar och en dräng till hjälp blev årslönen 900 kronor. Eftersom Verners familj brukade ett torp var det mycket arbete med djur och jordbruk. Arbetet engagerade hela familjen och Verner fick tidigt arbeta som en vuxen. Trots allt arbete var Verners föräldrar nöjda med livet där och i jämförelse med deras tidigare arbete som statare på en herrgård i Närke fann de friheten med ett eget torp som ett himmelrike.

I ett torp utanför byn levde makarna Frans och Tilda Engström, som var födda i slutet av 1860-talet. Fru Ingeborg brukade ibland skicka sina barn med en mjölkkanna åt paret Engström. Barnens besök uppskattades av de gamla, och särskilt roligt tyckte de att det var när syskonen Andersson tog med sin

grammofon. Paret Engströms hus såg lite konstigt ut, för innan huset byggdes var det några som ville retas och flyttade på hörnstenarna till grunden. Det gjorde att huset blev längre på ena sidan.

Engströms torp (18)

Karl-Aron med sin hustru (19)

En annan man som levde som torpare var Karl-Aron Nord, som fram till sin död kring 1910 bodde några kilometer från Vintermossen. Han ägde en markbit som angränsade till Guldsmedshyttebruks gårdar, något som blev besvärande. För Karl-Aron och bruket var osams om vem som ägde en del av marken, och på grund av detta tvingades Karl-Aron att flytta sitt hus. Karl-Aron lät ändå sina kor beta på den markdelen eftersom han visste att det var hans mark. En dag var korna försvunna. Bolaget hade stulit dem med motiveringen att de betade på bolagets ägor. Det sägs att Karl-Aron då ska ha svurit på att ingen skulle kunna göra smör av hans stulna kors mjölk. Det lär inte heller ha gått... I varje fall, vredgad av bolagets stöld, tog Karl-Aron sin hustru på sparken och gav sig av till Stockholm för att protestera hos kungen. Hon tog sig de tjugofem milen till Stockholm, men fick dessvärre ingen upprättelse.

Karl-Arons maka kom från Värmland. Han hade hämtat henne där för han var rädd för inavel, något som var vanligt i byarna. Tyvärr fick de aldrig några barn. En kall vinterdag frös Karl-Aron ihjäl på en av sina resor. Efter hans död auktionerades torpet bort. Guldsmedshyttans bolag hade skaffat en bulvan som köpte upp torpet, så att det skulle slippa bli bråk om Karl-Arons markdel som bolaget stulit.

Berättelserna om människorna i byn kunde ha blivit mycket längre. Där levde också Karlberg som gick runt i husen och gjorde diversearbeten, Anna Nylén som stickade nålfiltsvantar, skomakare Bergström som hade så vackra blommor i fönstren, Skräddartorps-Greta, ett fattighjon som levde vid sockengränsen med sina döttrar och många, många fler. Men härmed avslutar jag kapitlet om byborna vid seklets början.

Skolväsendet

I Kopparberg har man ända sedan 1635 bedrivit undervisning, men den har förstås förbättrats betydligt med tiden. Då biskopen besökte orten år 1653 uppmanade han alla föräldrar att sända sina barn till skolan, men de långa avstånden gjorde att bara barnen i kyrkbyn kunde delta i undervisningen och om de behövdes hemma till arbete kom inte ens de. Visserligen delades snart skolan in i åtta rotar som läraren vandrade emellan, men chanserna att undervisningen skulle nå fjärran finnbygder var ändå små. Dessutom stannade läraren endast en månad per år i varje skola, så även om eleverna kom till undervisningen hann de aldrig lära sig mycket.

Mot slutet av 1700-talet började man anställa byskollärare som skulle verka ute i bygderna, men de var inte alltid utbildade, så undervisningen var ofta bristfällig. I trakten kring Vintermossen undervisade lärare på tre olika platser fram till 1893. Att skolan bytte lokaler berodde på att man aldrig lät bygga något riktigt skolhus, utan undervisade där det fanns möjlighet. En skola fanns på en gård mellan Vintermossen och Salbofall och leddes en tid av Jan Berggren, en annan vid Myggsjögård cirka 5 km från Vintermossen, och en i Salbo. Trots att vägen till skolan kunde vara lång var det relativt många barn som gick i 1800-talets byskolor.

Johan Andersson, som jag berättade om i föregående kapitel, gick i skolan vid Myggsjögård på 1880-talet då en annan bybo, Karl-Erik Karlberg, var lärare där. Karlberg bodde mitt i Vintermossen och var, förutom lärare, musiker som spelade cittra och gitarr en konst som han också lärde ut. Rut kommer ihåg att hennes far Johan inte varit särskilt förtjust i sin lärare, för flertalet gånger hade han bestraffats med smäll på fingrarna trots att han var oskyldig. Myggsjögårds skola hölls inte öppen hela året, utan stängdes gissningsvis de snörika månaderna och på somrarna då barnen behövdes på gårdarna.

År 1842 tillkom folkskolestadgan vars avsikt var att skapa en obligatorisk skola med seminarieutbildade lärare. I Ljusnarsbergs socken tillsattes en skolstyrelse som bland annat arbetade med planering för byggnad av fasta skollokaler. Riksdagen hade fastställt att alla skolkostnader skulle bekostas av berörda församlingar, så på grund av kostnadsfrågan tog det tid innan man på Ljusnarsbergs sockenstämmor enades om skolhusbyggandet. Inte förrän på 1860-talet kom byggandet igång med skolhus i Ställdalen, Hörken och Stjärnfors och fortsatte sedan med skolor runtom i trakten fram till 1900-talet.

År 1892-1893 byggdes en skola i Salbofall. Där gick fram till början av 1930-talet ett trettio-fyrtiotal elever per år från Salbofall och grannbyar såsom Vintermossen, Rasbacken, Smörjsten, Myggsjösund och Norra Bergtorp.

Skolan i Salbofall (20)

Johans hustru Ingeborg (född 1884) borde ha tillhört de första elevkullarna där. Då undervisade fröken Arvidsson, som ansågs vara en duktig lärarinna och lärde ut både teoretiska ämnen och syslöjd.

Fram till omkring år 1927 undervisades alla eleverna av en småskollärarinna, men därefter delades skolan in i småskola och högre skola. Lärare på skolan vid den här tiden var småskollärarinnan Kristina Eriksson och folkskollärarinnan Karlsson. Trots att skolan hade rum avsedda för lärarbostäder valde båda lärarinnorna att bo i varsitt rum uppe i Vintermossen. Det hände att Vintermossbarnen fick sällskap de 2 km till skolan av lärarinnan Kristina, som själv var gift och hade barn. Varje år var det vårstädning på skolan. Då fick barnen göra egna kvastar och sopa skolgården.

På 1930-talet tvingades Salbofalls skola, liksom många andra byskolor, att lägga ned till följd av minskat antal barn i byarna. Skolan i Salbofall blev så småningom bostad och ägs idag av Verner Persson, som själv gick i den som elev på 1920-talet. De barn som fanns kvar i trakten fick skolskjuts till Stjernfors skola, och när den lades ned i början av 1950-talet fick de åka hela vägen till Kopparberg. De första åren som min mamma gick i skolan, 1953-1955, gick inte skolbussen ända upp till byn för vägen var för dålig, så varje morgon fick hon gå till Salbofall. Där hämtade bussen som också fungerade som mjölkbil och skjuts åt de bybor som önskade, för ingen hade nämligen bil i Vintermossen i början av 1950-talet. Det tog ganska lång tid att komma till skolan för bussen åkte runt och hämtade upp barn från alla närbelägna byar och vinterbyxorna av vadmal som blivit fulla av snö på promenaden till Salbofall hann bli våta då snön smälte i bussen och sedan väl framme vid skolan frös fukten till is längs byxbenen i väntan på att skolan skulle öppnas.

Skolklasser i Salbofalls skola år 1915-1916. Lärarinna Kristina Eriksson. (21)

Väntan var något man fick vänja sig vid om man var beroende av skolbuss. Bussen skjutsade hem alla eleverna vid fyratiden på eftermiddagen och om man då var lågstadieelev och slutade redan vid lunchtid hade man fått vänta många timmar för att få komma hem. Min mamma hade som tur var en snäll lärarinna, fröken Hanna Andersson som ibland tog med sig mamma hem till sig och bjöd på choklad och smörgås under tiden.

I slutet av 1950-talet började bussen gå upp till byn, efter att vägen byggts om, och skolskjutsförhållandena för mamma och hennes lillebror som var de sista barnen i byn, förbättrades något. Sedan 1965 har det inte gått några skolbussar till Vintermossen, men sedan femton år tillbaka har den åtminstone gått halvvägs på Vintermossvägen, till Salbofall där en familj är bosatt. Snart är det åter dags för skolbussen att hämta och lämna barn i Vintermossen, eftersom det nu finns barn i byn igen. Men dessa barn lär slippa långa väntetider på att bussar ska komma för numera rättar sig bussarna efter skolbarnens tider.

Elektricitet i Vintermossen

Omkring tiden vid första världskriget blev elektriciteten allt vanligare i Sverige. Industrin liksom de flesta bostadshusen i städerna blev snart elektrifierade, men det dröjde innan landsbygdens befolkning fick ström. 1932 kom socialdemokraterna till makten och deras ledares, Per-Albin Hansson, dröm att göra Sverige till ett folkhem började förverkligas. Ett av Per-Albins mål var att elektrifiera landsbygden. Jag vet inte hur det gick med det i övriga landet, men Vintermossens bybor fick vänta. Först 1962 installerades elektricitet i byn. Byborna hade tidigare fått vänta tolv år på att telefonledningarna skulle byggas ut till byn. Det gjordes troligtvis på 1940-talet. Dessförinnan fick den som behövde telefon ta sig till Adams gård, över en halvmil från byn.

Den 24 mars 1962 publicerades en artikel i morgontidningen Bergslagsposten med rubriken "Stor dag för skogsbyn Vintermossen – elljuspremiär efter mångårig väntan". Säkerligen var det en stor dag, lördagen den 22 mars då åtta av byns gårdar äntligen anslöts till elnätet. Man hade länge velat ha ström, men kostnaderna skulle bli för höga. Inte förrän det i november 1961 beslutades utgå ett rejält statsbidrag och ytterligare bidrag från Ljusnarsbergs kommun kunde man genomföra en elektrifiering av byn.

Vid kaffet hemma hos Verner och Anna Persson i Salbofall kunde man på lördagen få belysning från tre epoker: fotogen-, gasol- och ellampa. (22)

Av tidningsartikeln framgår det att byns invånare var överens om att ström i ladugårdarna och möjligheten att använda elektriska köksapparater, såsom spis och kylskåp, var det bästa med elektriciteteten. På några gårdar skulle man dessutom skaffa motorer till kapklingor, tröskverk och dylikt, och förmodligen köptes en och annan TV också.

Helge Berggren packar upp den nyköpta elmotorn som äntligen kan komma till användning. (23)
Familjen Gustavssons hus (tidigare Axel Anderssons/Werres) har fått elkablar installerade. (24)

Lite senare fick ytterligare fyra gårdar el och idag är finns bara ett hushåll, ett sommarhus, utan ström. Den 21 maj 1962 fick familjen Gustavsson en utförlig räkning på alla kostnader i och med installationen. Elektrikern tog 8,50 kr/timme inklusive semesterersättning och ATP och arbetade 27 timmar. Därpå tillkom reskostnader (42 kr) och materialkostnader. Räkningens summa blev 828 kr och 22 öre. Långt ifrån dagens priser.

Avslutning

Nu avslutar jag mitt arbete om Vintermossens historia, som inte genomgått så stora förändringar som jag först trodde. Visst har byn förändrats med tiden, men livet för byborna har egentligen varit sig ganska likt ända fram till mitten av 1900-talet. Djuren, jordbruket och skogen har varit viktiga för Vintermossborna ända sedan svedjebruket på finnarnas tid.

Vad är det då som har hänt om man ska sammanfatta byns historia? På 1630-talet började finnen Hindrich Werre svedja marken i byn, år 1671 kallades Werres sonson att stå till svars inför domkapitlet för spotskhet mot präst. På 1800-talet genomgick byn två jordreformer och på 1900-talet kom moderniteter som telefon och elektricitet till byn. Men förutom dessa händelser som är knutna till byn var säkert mycket som skedde i övriga trakten också av stor vikt. Därför har jag i uppsatsen tagit med en stor del allmän historik, som jag ansett vara bra att veta då man läser om Vintermossens historia.

Idag är det inte mycket i Vintermossen som påminner om gamla tider. Endast ett par hus är permanenta bostäder och de övriga är fritidshus, mest bebodda under sommaren. Det förr så viktiga jordbruket har mer blivit ett fritidsbruk, där konsekvenserna av en missväxt inte längre är förödande, dock ledsamma. De enda synliga tecknen på att byn varit bebodd under lång tid är de gamla byggnaderna, de flesta är byggda under de senaste århundradena och några är äldre. Vid restaureringen av vårt hus hittade vi hörnstenar från det gamla pörtet. De låg några meter innanför de nuvarande grundstenarna. Även finnarnas eldstad fann vi spår av.

En del hus finns inte längre. Det gäller särskilt torpen i skogarna som man efter att de lämnats antingen lät förfalla eller plockade ned för att bygga upp någon annanstans. Paul Winterberg, ett av syskonen Johan Andersson, fotograferade på 1950-1960-talen olika torp och gårdar i och omkring Vintermossen. Många av hans fotografier kan vara det enda dokumenterade material som finns av de idag rivna torpen.

Några finska namn på platser påminner också om äldre tider. Till exempel tror man att ordet Mackars i Mackarsberg kommer från finskans mäki, som betyder berg.

Det har inte varit så lätt att skriva om Vintermossens historia för det står inte särskilt mycket nämnt om byn i tryckta böcker, och domböcker och liknande är ofta ganska fåordiga. Något som jag saknar i uppsatsen är kontakten med bybor från olika tider. Det är bara under det här sista århundradet som jag, tack vare samtal med äldre bybor, har kunnat berätta om människorna i byn. Kanske fortsätter jag med den här "forskningen" för det har trots en hel del arbete varit både roligt och spännande. Om jag då söker i de arkiv som finns och går lite djupare i ämnet får jag förhoppningsvis lära känna bybor från äldre tider lite bättre.

Jag avslutar den här uppsatsen med Vintermossbilder som inte fick plats i samband med texten. De små bilderna på torp fotograferades av Paul Winterberg.

Tack till alla som har hjälpt till med uppsatsen!

Äldsta huset i byn. (25)

Sundbergs hus vid släktåterträff för släkten sommaren 2014. (26)

Solveij och Henry Gustavsson (27)   Helge Berggren (28)

Winterbergs (29)

Gustavssons (30)

Strävtorp (31)

Strävtorp (32)

Slöjdartorp (33)

Busktjärnstorp (34)

Berggrens (35)

Gäddtjärnsfall (36)

Ljungåsen (37)

Familjen Winterberg (38)

(39)

Bygemenskap

Vi barn i byn ordnade årligen en cirkus med
Vintermossborna som tacksam publik. När vi blev äldre
bytte vi ut uppträdandet mot en femkamp ibland annat
ärtgissning, boccia och pilkastning. Bydeltagandet var
stort, under de sista vintermosspelen sommaren 1990
var det 25 deltagande. Förmodligen var det inte själva
tävlandet som lockade utan nöjet att få träffas allihop.

(40)

Källförteckning

Tryckta källor

Anderö, H. (1983). *Ordbok för släktforskare*. Västerås: Ica bokförlag.

Axiö, H. (1980). *Skiftesreformer som samhällsomvandlare: en studie av laga skiftets konsekvenser i tre mellansvenska byar*. Stockholms universitet. Kulturhistoriska institutionen.

Hult, K. (1918). *Ljusnarsbergs krönika: Med en karta*. (2., öfversedda, förbättrade och tillök. uppl.) Säter.

Kopparbergs- Ljusnarsbergs folkbildningsförening (1921). *Från Ljusnarsbergen: en hembygdsbok*. Lindesberg.

Nya Kopparbergs Bergslags hembygdsförening (1960). *Ljusnars-Kopparberg: en hembygdsbok*. Lindesberg.

Råsjö, Gösta (1987, 27 juni) "Kvarsittaren" i Salbofall vägrar släppa fram skogen. *Bergslagsposten.*

Stor dag för skogsbyn Vintermossen – Elljuspremiär efter mångårig väntan (1962, 24 mars). *Bergslagsposten.*

Otryckta källor

Arkivmaterial

Domböcker
Kyrkböcker
Lantmätare Rubins protokollsbok över laga skifte i
Vintermossen. Skriven 1868-1870.
Odelstiernas jordebok 170-1781.

Intervjuer

Rut Jansson, född och uppvuxen i Vintermossen.
Josef Winterberg, född och uppvuxen i Vintermossen.
Verner Persson, uppvuxen i Salbofall.
Valter Gustavsson, inflyttad till Vintermossen 1953.

Bildförteckning

Omslagsfoto: Vy över Vintermossen, fotograferad
från Mackarsberg, mars 2012.

1. Topografisk karta över Mellansverige, hämtad
   från Lantmäteriets webbplats.
2. Kringelkoja, fotografi taget vid Finnstigen,
   Bredsjön, december 1991.
3. Norra Bergtorp, fotograferat av Lars-Ove Steén,
   januari 2016.
4. Geometrisk karta av Jonas Bergius, 1696. Hämtad
   från Lantmäteriets historiska arkiv.
5. Ur Karta över Nya Kopparbergs Bergslag, 1804.
6. Pörte, fotografi taget vid Finnstigen i Bredsjön,
   december 1991.
7. Interiör av pörte, illustrerad av mig, 1992.
8. Uthus, fotografi taget vid Finnstigen i Bredsjön,
   december 1991.
9. Sädesmagasin, fotografi taget vid Finnstigen i
   Bredsjön, december 1991.
10. Pörtets tak, fotografi taget vid Finnstigen i
    Bredsjön, december 1991.
11. Pörtets isolering och grund, fotografi taget vid
    Finnstigen i Bredsjön, december 1991.
12. Illustration av finländsk nybyggare, ritad av mig,
    1992.
13. Illustrerad karta över de finländska släktena kring
    Vintermossen, ritad av mig, 1992.
14. Karta efter hemmansklyvning 1872. Hämtad från
    Lantmäteriets historiska arkiv.

15. Illustrerad karta över hushållen i Vintermossen kring 1900-talets första decennier, ritad av mig, 1992.
16. Israelsson med maka, fotografi taget omkring år 1910.
17. Familjen Andersson, fotografi taget år 1922.
18. Familjen Engströms hus, fotograferat av Paul Winterberg på 1950/1960-talet.
19. Karl-Aron Nord med maka, fotografi från "Från Ljusnarsbergen", tryckt 1921.
20. Salbofalls skola, fotograferat av Paul Winterberg.
21. Skolklass i Salbofall 1915-1916. Publicerad i Bergslagsposten 27 juni 1987.
22. Verner och Anna Persson. Fotografi från Bergslagsposten, mars 1962.
23. Helge Berggren. Fotografi från Bergslagsposten, mars 1962.
24. Familjen Gustavssons hus. Fotografi från Bergslagsposten, mars 1962.
25. Bild från byn fotograferad av Lars-Ove Steén, januari 2016.
26. "Sundbergs" hus fotograferad av Lars-Ove Steén, juli 2014.
27. Solveij och Henry Gustavsson utanför sin jordkällare vid slutet av 1950-talet. Fotograf okänd.
28. Helge Berggren med häst. Fotograf okänd.
29-38. Fotograf Paul Winterberg, 1950/60-tal.
39-40. Bilder från Vintermosspelen, 1990.

Samtal med fru Alma Nilsson (född 1898 i Kämpmossen)

1992-07-08

Alma som är bosatt på ålderdomshemmet i Lindesberg besöktes av Ruth Jansson, Leni och Camilla Steén, alla från Vintermossen. Nedanstående samtal är hämtat från en bandning av besöket. Småprat som inte berör Vintermossens historia är borttaget ur texten.

Leni: Vi bor i Axel Anderssons hus.
Alma: Där hade de bönemöten. När jag bodde i Smältarbacken cyklade jag dit.
Ruth: Jag har tänkt så många gånger att jag skall besöka Alma. Ett barnbarn till Alma kom till Vintermossen och berättade att Alma bott där.
Alma: Ja, Berggrens bodde där.
Ruth: Ja, just det. Tor och Helge. Och Anna hette hon, mamman. Så Alma är barnbarn till Sundbergs?
Alma: Ja. det är jag. Alva(?) och Johan Sundberg.
Ruth: De i Kolartorpet, var de också barnbarn?
Alma: Det var min moster och farbror. De var gifta. De bodde i Kolartorpet.
Ruth: Fick de många barn?
Alma: Ja, och deras äldsta barn och mina syskonbarn hälsar på ibland. Elsa hon lever än. Hon var äldst. Hon bor på Solgården i Bångbro.
Ruth: Hur gammal är hon då?
Alma: Hon fyllde nittio år nyligen. Jag fyllde 94 år nu.
Ruth: Ja, det såg vi i tidningen.

Ruth: Min make rustade upp Sundbergs stuga, så nu bor jag där hela sommaren.

Alma: I Sundbergs... Ja, det kan jag förstå.

Ruth: Vi trivs så bra i Vintermossen. Det är så fint.

Ruth: Bodde Alma i Vintermossen någonting? Eller var det bara mormor och morfar som hon hälsade på?

Alma: Nej, min mamma och pappa bodde där i ett år. Sundbergs bodde i samma hus så vi bodde två barnfamiljer där.

Ruth: Ja, just ja. Det var två ingångar.

Alma: Ja, vi bodde i ena ändan. Min far skulle sköta egendomen. Sundberg var ju skogsvaktare han, men... Men då var vi fyra barn, Elsie var visst född. Sedan flyttade vi till Smältarbacken. Vi bodde där i ett år (i Vintermossen). Sedan flyttade vi till Smältarbacken vid Stjärnfors. Då var vi bara tre barn, men Elsie... Vi kom dit 1909. 1907 bodde vi där och 1909 vart Elsie född. Då var vi fyra syskon.

Ruth: 1907 tror jag att Berggrens kom till Vintermossen.

Alma: Ja, det gjorde de. Vi brukad åka tillbaks dit på somrarna när jag orkade sedan jag vart ensam. Vi har varit mycket där.

Ruth: Ja, det är fint där.

Alma: Jag har varit kry i många år sedan jag vart ensam och då åkte vi ut med bil.

Ruth: Ja... Sedan har det varit affär i det här huset också?

Alma: Ja, det var affär.

Ruth: De hade öppet någon dag i veckan?
Alma: Ja. Har ni bott där länge?
Ruth: Nja. Vi kom dit 1978. Var det 78, tro? Ja.
Alma: Jaså.
Ruth: Men så hade vi den där stugan uppe vid berget, Södra Bergtorp, i många år.
Alma: Jaha.
Ruth: Ja, Theodor, eller vad kallades han?
Leni: Mmm.
Alma: Och han som bodde bredvid Axel Andersson, Fredrik Wester
Ruth: Ja, just det.
Alma: Det var många år sedan...

Ruth: Vi odlar grönsaker i Vintermossen.
Alma: Ja, det är roligt att åka dit.
Ruth: Var det stor trädgård där?
Alma: Ja, det var stor trädgård.
Ruth: Jag har hört talas om det.
Alma: Det var mycket blommor.
Ruth: Och fruktträd?
Alma: Ja, det var det.
Ruth: Nu är det inga fruktträd, det är bara ett päronträd kvar.
Alma: Ja, det vart ju borttaget.
Ruth: Ja...
Alma: Ja, så det är ju inte likadant nu inte.

Ruth: Jag har några kort som jag kan visa. Så här ser stugan ut.

Alma: Javisst gör den det. Jag känner så väl igen den. Den vart ju upprustad.

Ruth: Nu har vi bara en ingång. Förut var det ju två.

Alma: Jaså, det är en. Min mamma och pappa bodde här (ena sidan) och min morbror (?) om mormor bodde här. Hade varsitt hushåll.

Ruth: Men det var ingen stor lägenhet, det här? Litet rum och kök.

Alma: Ja... Jag vart ju född i Kämpmossen och kom till Vintermossen sedan. Jag var 9 år då jag flyttade härifrån. När jag bodde här var jag 9 år. Och Arvid var ett år yngre och Lydia(?) var 4 år. Vi bodde här uppå. Sedan flyttade vi till Smältarbacken. Det gick ett flyttlass när vi flyttade dit. Då arrenderade de stället.

Ruth: Men ladugården som fanns är ju inte kvar.

Alma: Mamma skötte ladugården då.

Leni: Den har inte funnits sedan jag kom till Vintermossen.

Ruth: Nej...

Alma: Det var inte så lätt att bo ihop inte. De ville... Mamma var ju inte... De ville flytta därifrån. De gamla kom inte överens alla gånger, så vi var bara där i ett år.

Ruth: Det här är Winterbergs hus. Vad hette de? Axel Andersson flyttade väl dit ner? Nej...

Leni: Johan Andersson.

Ruth: Ja, Johan Andersson.

Alma: Ja, det är Johans hus.

Ruth: Här är vägen upp till Mackarsberg.

Alma: Johan hade en son som hette David Winterberg.

Ruth: Ja visst.

Alma: Men han har ju varit död några år.

Ruth: Men han har en bror som heter Josef. Han har byggt en stuga här i närheten (av Davids hus).

Alma: Jaså. Ja, Johan hade en son som hette Josef. Nu kommer jag ihåg.

Leni: Och Davids pojke Hans har också byggt en stuga däruppe.

Alma: Jaså, har han gjort det?

Ruth: Här är Vallgatan som går ner i skogen.

Alma: Ja, visst gjorde den det.

Ruth: Och här sitter Tor och Helge Berggren.

Alma: Ja, så fina kort. Det är roligt att titta på.

Ruth: Här står Helge och slipar lien för att slå gräs.

Alma: Ja, visst gör han det. Roligt.

Ruth: Här är stugan.

Alma: Barndomsminnen. Visst är det roligt!

Ruth: Här är Grunds. Här är Stellan Nord och David Grund.

Alma: Jaha.

Leni: Fredrik Wester?

Ruth: Ja, är det en måg?

Ruth: Här är Anna Berggren och Verner Persson. Han bor ju också där.

Här är Grunds hus. Eller Westers hette det då. Här är stugan igen.

Alma: Ni fick reda på att jag bodde här...

Ruth: Ja, genom ett barnbarn.

Alma: Jag gifte mig när jag var 32 år. Jag hade platser runtom i Sverige. På Söder i Stockholm, sedan på Djursholm. Sedan gifte jag mig när jag var 32. Så fick jag Viola när jag var 33 och Torsten när jag var 37 år. Så dog min man när jag var 62 år.

Så jag har haft fyra platser i Stockholm, men jag bodde där bara i två år. Det fanns inte så mycket arbete. Man skulle vara hembiträde eller tjäna hos herrskap. Det skulle man ju förr i världen. Det fanns inga andra yrken. Min dotter är inom sjukvården. Hon är vårdarinna i Nora för utvecklingsstörda.

Ruth: Jaså, på hemmet då?

Alma: Ja. Fast de har flyttat till villa nu, men hon arbetar fortfarande. Hon är 61 år nu.

Ruth: Ser du vad många morötter jag fick (visar kort)?

Alma: Ja, ser du... Fina kort. Min farmor... Min farfar vart död när jag 7 år men farmor levde och bodde med Karl. Farbror Karl var aldrig gift någon gång. Han var med farmor och bodde i Kämptorp.

Ruth: Jaså.

Alma: Bodde i Kämptorp, det gjorde de...

Ruth: Här ligger Helge Berggren och läser tidningen.

Alma: Jaså. Jag var aldrig bekant med Berggrens, men jag visste ju vilka de var.

Ruth: Nehej...

Alma: Jag var aldrig inne där någon gång.

Ruth: Här är från Rasbackstjärn.

Alma: Ja, just jag. Det kommer jag ihåg. De håller ju på att rusta upp Kindlahöjden. Man gick över skogen fram till Kämptorp och Kindlahöjden.

Ruth: Det här är från Nyberget.

Alma: Jaha, det minns jag. Där bodde min moster Mina(?). Hon bodde i Nyberget. Jag hade en moster Mina och en moster Ottilia.

Ruth: Jaha. Bodde det inte någon i Gäddtjärnstorp?

Alma: Jo, det gjorde det. Det bodde någon där då. Det var väl någon gubbe.

Ruth: Ja, för det är en som brukar komma och hälsa på i Vintermossen varje sommar och han har bott i Gäddtjärnstorp. Jag vet inte vad han heter. Han bor i Guldsmedshyttan.

Alma: Rider hette en och han gick till kungen i Stockholm.

Ruth: Ja, just. Hette inte han Nord, han?

Leni: Karl-Aron. Bodde han vid Gäddtjärnstorp? Bodde han inte längre in i skogen?

Alma: Han bodde längre in. Jag minns när jag var yngre att jag gick till honom någon gång.

Vad roligt att du tog med kort. Så du visste... Du fick fråga dig... Du visste att jag hette Alma Nilsson?

Ruth: Ja, jag har tänkt i flera år att jag skulle hälsa på Alma.

Alma: Jag hette Alma Nilsson när jag var yngre med. Men jag vart gift med en Nilsson också.

Ruth: Jaha. Det här är Stellan Nord (visar kort).

Alma: Ja. Jag var med min dotter och talade med Stellan
Nord efter att jag blivit ensam. Då träffade jag Stellan
Nord när vi var till Mackarsberg.
Ruth: Han är död han också.
Alma: Ja, han är död han med. Ja, kan du förstå...
Leni: Det är släktingar till honom som har gården kvar.
Alma: Ja, det är klart att de har den kvar.

Ruth: Det här är Rut som är syster till David Winterberg.
Alma: Jaså, Rut ja.
Ruth: Hon har också bott där i en stuga. Rut och Georg.
Alma: Javisst, ja.
Leni: Georg Jansson hette han.
Ruth: De bodde i stugan vid vägen.
Alma: Rut, hon lever väl än?
Ruth: Jadå, jag tror hon är 79 år.
Alma: Ja, jag kan förstå det.
Camilla: Georg har väl också bott i Sundbergs?
Ruth och Leni: Ja?
Alma: Jaså.
Ruth: Ja, var inte de två bröder?
Alma: Är ni med i Missionsrådet, eller?
Ruth: Nej, nej... Ser du så fina morötter?
Alma: Ja, se så fina.
Ruth: Här är Karin Lindar. Vad ska jag säga... Axel
Anderssons sonhustru?
Leni: Ja.
Ruth: Ja, gift med Axels son Martin Lindar.
Alma: Jaså, Harry Lindar.
Ruth: Martin Lindar.

Camilla: Hade du några fler släktingar i Vintermossen? Mostrar eller så?

Alma: Nej, det var bara vi.

Camilla: Vet du vilka som bodde i huset före dina morföräldrar?

Alma: Min bror forskade i det där. Jag har det uppskrivet, men det har min dotter. Hur det var förr i världen. Det har hon hemma hos sig.

Ruth: Jaha, var bor hon? Bor hon i Lindesberg?

Alma: I Ramshyttan. Det är mellan Nora och Örebro. Det är släkthistoria som min bror Arvid forskat i. Han bodde i Ödestorp(?) i Kopparberg. Jag fick det uppskrivet, men det har min dotter hemma hos sig.

Ruth: Vad heter hon då?

Alma: Viola Gladh.

Ruth: Jaså, i Ramshyttan?

Alma: Ja. Ingvar och Viola Gladh. Så har hon två döttrar och har sina familjer. De bor i Striberg och Östersund. Min son (Torsten Nilshamre) han bor i Motala. Han är gruvingenjör. Han arbetar i Zinkgruvan. Och så har han en son. De bor i Askersund.

Ruth: Så de är lite utspridda.

Alma: Ja, det är de. Men de ringer ofta och kommer och hälsar på.

Ruth: Gick Alma i skolan däruppe?

Alma: Ja, jag fick börja när jag var sex år. Då gick jag i Salbofall. Sedan då jag var nio flyttade jag ju till Smältarbacken. Då gick jag på Riggards i Kopparberg.

Camilla: Var det många barn som gick i skolan i Salbofall?

Alma: Ja, det var ju sex klasser med samma lärarinna. Jag minns inte hur många barn vi var, men det var ju sex klasser i samma sal och med samma lärarinna.

Ruth: Det fanns många barn i skogarna.

Alma: Ja, det var ju några stycken. De gick långa vägar för att komma till skolan.

Camilla: Vad hette lärarinnan?

Alma: Katarina hette hon.

Camilla: Arvidsson?

Alma: Ja, Hon hette nog Arvidsson.

Camilla: Var det fler barn uppe i Vintermossen som du lekte med?

Alma: Ja, det fanns fler i Vintermossen då. Vi gick till Salbofall. En som hette Hildur, det minns jag. Hon bodde där. Det var Stellan Nords syster, tror jag.

Ruth: Jaha.

Alma: Jag tror det. Jag vet att hon hette Hildur. Men hon vart död något år efteråt.

Camilla: Ingeborg – fanns det någon som hette det? Josefs mamma. David Winterbergs och de, deras mamma.

Ruth: Johan Anderssons fru, hette hon Ingeborg?

Alma: Ja, det gjorde hon.

Leni: Gick hon i skolan när Alma gick?

Alma: ….

Ruth: Hon måste ha varit äldre.

Alma: Ja, hon var äldre.

Camilla: Ja, det måste stämma. Hon var ju född 1884, ja.

Alma: Vi gick ifrån skolan i Salbofall och gick det en backe upp mot Vintermossen. Där åkte jag stjärtlapp.

Ruth: Ja, den backen finns kvar än.

Alma: Där bodde översian(?) ett par gubbar.

Leni: Hos Berggrens där?

Ruth: Kalle Berggren säger de.

Alma: Ja, jag tror att det hette så,

Ruth: Det bodde väl en skomakare där nere vid Lindars. Eller när var det, tro?

Camilla: Skomakare Bergström.

Alma: På högersidan. Sedan gick vi bara upp för en backe till sedan var det två hus på vardera sida där.

Ruth: Jaha.

Alma: Jag kommer inte ihåg vad det hette.

Ruth: Ja, det fanns ju många hus då.

Alma: Ja, men man glömmer ju bort vad de heter...

Ruth: Javisst. Hur länge bodde Sundbergs där? Vilket år kom de därifrån? Bodde de där tills de dog, eller?

Alma: Nej, de bodde där till 1920. Då flyttade de till Bångbro (möjligen Bånghammar). De byggde en stuga i Bångbro och flyttade dit.

Ruth: Åh, jaha.

Alma: Mormor dog 1921. Sedan levde han ensam, morfar, till... Jag minns inte när han dog. Han levde ensam länge. Då bodde han i Bånghammar, Johan Sundberg. När han var yngre var han först murare. Då murade han ett tag när han bodde i Bånghammar.

Ruth: Jag undrar vem som kom till Vintermossen och bodde i huset då. Det kanske var då som Georg och de kom och köpte huset?

Alma: Jag har inte skrivit upp någonting, dumt nog. Det har jag inte gjort.

Ruth: Men det måste ha varit då som Georgs familj kom, hans mamma och pappa.

Ruth: Vi hittade en liten bok när vi rustade. Jag tror den låg i golvet någonstans. Ernfrid Sundberg står det. Vem var det?

Alma: Ernfrid, det var min mammas bror. De var sju syskon. Min mamma hette Anna. Och Ernfrid och Gottfrid och Sigfrid och...

Ruth: Så de hette också Sundberg? Hette inte din mor Sundberg som gift?

Alma: Nej, Nilsson. Gustav Nilsson hette min far. Han bodde i Kämptorp. Gustav Nilsson och Anna Sundberg var gifta. Sedan hade min mamma syskon som hette Ottilia, Ernfrid, Gottfrid, Sigfrid, Helge och... De var sju syskon. De vart spridda lite överallt. De vart konduktör och allt möjligt. Nu är de döda allihop.

Ruth: Ja. Så det var din morfar som hette Sundberg?

Alma: Ja, Johan Sundberg. Och min far hette Gustav Nilsson, för att hans far hette Nils Andersson. Min farfar hette Nils Andersson och min far fick heta Gustav Nilsson.

Ruth: Jaha, ja just det.

Alma: Det där har vi uppskrivet. Men det har min dotter.

Ruth: Här står "Ernfrid Sundberg, Vintermossen, Kopparberg, Örebro län" och så står det "Axel Leander". Här har de skrivit upp vad de tjänat. I timlön och sådant där.
Alma: Jag har inte skrivit upp någonting. Vad dumt.
Ruth: Nej, men det här är vad de arbetade och skrev upp. "Gasolja" och "till de nödlidande i Norrland 50 öre". Olycksfallsförsäkring.
Alma: Det är roligt att se.
Ruth: Ja, det är så fint skrivet också. De skrev så fint. "5,8 kg borrstål" och gas och fotogen. "15 timmar 1,80".
Alma: Men min morfar Johan Sundberg var ju skogsvaktare. Han hade mycket uppskrivet och det kanske Viola har kvar. Det kan hända.
Ruth: Mmm.
Alma: Jag har inte varit på det viset att jag skrivit upp någonting. Jag har varit ute på många platser. Jag flyttade hemifrån då jag var 21 år och så jobbade jag på olika platser lite överallt i Sverige och arbetade åt herrskap.
Ruth: Vad roligt, då.
Alma: Och försörjde mig på det viset.

Alma: Mormor och morfar var ju med i missionsförsamlingen i Kopparberg. Sedan kom de därifrån arbetena till Axel Anderssons och hade möte i den där stora stugan. När jag var 17 år och bodde i Smältarbacken cyklade jag dit ibland när det var möte och sådär.

Ruth: De har ett möte varje sommar i ett kapell de har
där.

Alma: Ja, det byggde ett missionshus där. Det var
Winterberg. Det var några år sedan jag var med till
Vintermossen. De har ju sommarmöten ibland. Jag
brukade få åka med en som bor här i Linde när jag
orkade. Jag har varit med ibland till Missionshuset på
sommarmöten. Det var roligt.

Ruth: Ja, det ligger så fint där uppe. Det är så fin utsikt
därifrån.

Alma: Ja, det var roligt. Då drack man kaffe...

Leni: När det var bönemöte hos Axel Andersson, hur såg
huset ut då? Var det ett stort rum och ett kök bara,
eller?

Alma: Ja, det var ett stort rum och kök. Så tog vi bräder
och satt på.

Leni: Jaha.

Alma: Och sedan fick vi kaffe i köket.

Ruth: Det blir kanske arbetsamt att prata så här mycket?

Alma: Nej, jag blir inte trött på det, inte.

Ruth: Leni har växt upp i Vintermossen, där uppe i Axel
Anderssons hus.

Alma: Ja, just det.

Ruth: Gick du i Salbofalls skola då?

Leni: Nej, jag gick på Riggards i Kopparberg. Det gick
skolbuss från Salbofall.

Alma: Ja, du fick åka med skolbussen. Gå upp tidigt på
morgonen och vänta på den där bussen. Och kom inte
hem förrän vid fem, sex. Jag har nämligen hört det. De
fick vänta länge på bussen. Det gick åt hela dagen.

Leni: Ja.

Alma: Så var detl Ed... Edil?

Leni: Leni heter jag. Gustavsson hette jag som barn.
Mamma och pappa hette Solveij och Valter Gustavsson.
De köpte det av Martin Lindar.

Alma: Ja, det gjorde ni.

Leni: Ja, 1952.

Alma: Flyttade ni till Västerås?

Leni: Nej, det har jag gjort som vuxen. Jag växte upp i
Vintermossen.

Alma: Ni får skriva upp att min dotter bor i Ramshyttan.

Leni: Ja, Viola Gladh. Det ska vi komma ihåg.

Alma: Det har ändrat sig mycket från förr i världen.

Ruth: Ja...

Alma: Nu är det många arbetslösa. Och dyrt har allt
blivit. Det är andra tider. Förr klarade man sig på så lite.
De kanske var mer nöjda förr.

Ruth: Ja, visst.

Alma: Det är andra tider....